BETWEEN PARIS AND MOSCOW

To lovely Shelley
whose smile made
our first meeting with
unforgettable .. with
hope of more poesie
& writerly meetings
to come!

11.01.2020

Xenia Nova

Marina TSVETAEVA

BETWEEN PARIS AND MOSCOW

translated and painted
by Xenia NOVA

XENIA NOVA
WRITER

Designed and typeset in MinionPro and SecessionLight by ArtNovo.
Cover design by ArtNovo © Alexander Novozhilov from original artwork painting detail: "Chestnut Alley in Front of the Eiffel Tower" by Xenia Nova.

ISBN: 9781670871091

To every person I know
who made me who I am.

Моей семье
и тому, без чьей поддержки
не было бы этой книги.

Contents

Марина Цветаева

(8 октября 1892 – 31 августа 1941)

С ранних стихов, в которых Марина Цветаева утвердила себя как страстного лирического поэта и уверенного словесного экспериментатора, до последних строк, отмеченных бедностью, поражением и сомнениями, Марина Цветаева никогда не понижала своего мощного вибрирующе-глубинного голоса.

Ее поэзия ворвалась на российскую литературную сцену одним ураганным порывом, когда в течение двух с небольшим лет в начале 1920-х она опубликовала поочередно несколько сборников — результатов семилетнего труда. Публикации в издательствах, поэтических журналах и альманахах были подстегнуты эмиграцией. В русской зарубежной поэзии зазвучал новый голос — голос уверенной в себе бунтарки, и появился уникальный стиль — непричесанный, лишенный явных влияний и границ.

Ее появление поставило под вопрос вторичный статус женской поэзии на русской литературной сцене начала XX века. Журналы и салоны приветствовали ее стихи, и Максимилиан Волошин называл их чудесными. Но другие критики — к примеру, Валерий Брюсов — скептически оценивали вероятность того, что стихи Цветаевой достигнут «абсолютной ценности» и войдут в историю. Ее поэмы воспевали Россию в каждой строчке, но Осип Мандельштам называл их «лже-российскими» и «лже-народными», все творчество Цветаевой презрительно окрестив «рукоделием». Ответ Цветаевой на это был прост — она продолжала творить в своей уникальной манере, переплетая мелодику русских плакальщиц с философскими идеями нового, во многих отношениях революционного, времени.

До сегодняшнего дня стихи Цветаевой поражают читателя своей изысканной интимностью и честностью. Ее поэзия — это хроника начала XX столетия, отраженная в трансформированной агонии сердца.

Marina Tsvetaeva

(8 October 1892 – 31 August 1941)

From her early verses, establishing herself as a passionate lyrical poet and a confident linguistic experimenter — to her last days marked by poverty, defeat and doubt, Marina Tsvetaeva never lost her vibrating, strong, visceral poetic voice.

Her poetry stormed upon the Russian literary scene marked by modernist search in one powerful blow when Marina moved first to Berlin, and later to Paris in the 1920s. Critics were overwhelmed with the richness of seven years of her creative legacy, when Marina published several collections of poems during just two years of emigration. She allowed a new figure — that of a rebellious and confident female, and a new style — uncoiffed and passionate, uplift the status and themes of women's poetry. And while some of the poets such as Max Voloshin praised her "wonderful poems", others such as Valery Bryusov were skeptical about her capability to reach the "absolute value".

Tsvetaeva's voice was not easy to inscribe into the category of women's poetry. At the time, women's verses were compared only between each other, and often discarded by male poets as secondary and overly romantic. Hence, contemporaries struggled with the power of Marina's imagery and melodic solutions. A part of the Russian-foreign literature, Tsvetaeva's poems were singing a hymn to Russia and Moscow in their every line. These hymns, too, received a belittling name of "pseudo-folk and pseudo-Moscow crocheting" from Osip Mandelstam, who strongly questioned the place of women in poetry. Tsvetaeva's response to that was simple: she continued to develop her own unique style that firmly departed from the Russian classical or modernist poetic conventions, and relied on the deep roots of what we would call now vernacular music tradition and feminism.

Until today, her poetry strikes the reader with its sophisticated intimacy and authenticity, and stands out as a powerful chronicle of the beginning of the XX century reflected in the accentuated agony of the poet's heart.

В Париже

Дома до звезд, а небо ниже,
Земля в чаду ему близка.
В большом и радостном Париже
Все та же тайная тоска.

Шумны вечерние бульвары,
Последний луч зари угас.
Везде, везде всё пары, пары,
Дрожанье губ и дерзость глаз.

Я здесь одна. К стволу каштана
Прильнуть так сладко голове!
И в сердце плачет стих Ростана
Как там, в покинутой Москве.

Париж в ночи мне чужд и жалок,
Дороже сердцу прежний бред!
Иду домой, там грусть фиалок
И чей-то ласковый портрет.

Там чей-то взор печально-братский.
Там нежный профиль на стене.
Rostand и мученик Рейхштадтский
И Сара — все придут во сне!

В большом и радостном Париже
Мне снятся травы, облака,
И дальше смех, и тени ближе,
И боль как прежде глубока.

1909

In Paris

Its buildings touch the stars, the sky falls —
So close the earth became in smoke,
As big and cheerful Paris triples
The same old longing in broad strokes.

The evening boulevards all glare
As sunset casts last rays of light,
And couples, couples everywhere:
The trembling lips; the daring sights.

I am alone. And chestnuts stride to
Provide their chests for sweet retreat,
And in my heart Rostand's lines cry for
My Moscow — city I had quit.

And in the night "Paris" is foreign
Much closer latter dreams I claim —
So I go home, where flowers bore in —
To someone's dear picture frame.

With glance so somber and so friendly,
With gentle profile, on the wall
Rostand and Reichstag's martyr deadly
Emerging, should I ever call.

In big and cheerful Paris — poseur! —
Of grass, and clouds, and home I dream,
And laughs seem distant, shadows — closer,
And pain is deep as ever been.

1909

«Каштановая аллея
у Эйфелевой башни»

бумага, масло

«Chestnut Alley in Front
of the Eiffel Tower»

oil on paper

Але

А когда — когда-нибудь — как в воду
И тебя потянет — в вечный путь,
Оправдай змеиную породу:
Дом — меня — мои стихи — забудь.

Знай одно: что завтра будешь старой.
Пей вино, правь тройкой, пой у Яра,
Синеокою цыганкой будь.
Знай одно: никто тебе не пара —
И бросайся каждому на грудь.

Ах, горят парижские бульвары!
(Понимаешь — миллионы глаз!)
Ах, гремят мадридские гитары!
(Я о них писала — столько раз!)

Знай одно: (твой взгляд широк от жара,
Паруса надулись — добрый путь!)
Знай одно: что завтра будешь старой,
Остальное, деточка, — забудь.

1917

To Alia

And when — one day — as powerful as water
The road will pull you to eternal flee,
You justify your serpentary nurture:
Forget your home, my poetry and me.

Remember that tomorrow you'll be older.
Drink wine, ride horses, sing your songs of glee,
Blue-eyed tsygane!
No one can match your shoulder,
So kiss each one and hug each chest for free.

Parisian boulevards, and thousands eyes to alter.
Madridian guitars, they play so loud!
I have described them in one million folders;
From my wild lines you know how they will sound.

Remember one thing: pupils wide from ardour,
Your sails are spread, I wish you no regret.
Remember that tomorrow you'll be older,
And all the rest, my child — you do forget.

1917

«В добрый путь»

холст, масло

«Farewell»

oil on canvas

* * *

Из рая детского житья
Вы мне привет прощальный шлете,
Неизменившие друзья
В потертом, красном переплете.

Чуть легкий выучен урок,
Бегу тот час же к вам, бывало,
— «Уж поздно!» — «Мама, десять строк!»…
Но, к счастью, мама забывала.

Дрожат на люстрах огоньки…
Как хорошо за книгой дома!
Под Грига, Шумана и Кюи
Я узнавала судьбы Тома.

Темнеет, в воздухе свежо…
Том в счастье с Бэкки полон веры.
Вот с факелом Индеец Джо
Блуждает в сумраке пещеры…

Кладбище… Вещий крик совы…
(Мне страшно!) Вот летит чрез кочки
Приемыш чопорной вдовы,
Как Диоген, живущий в бочке.

Светлее солнца тронный зал,
Над стройным мальчиком — корона…
Вдруг — нищий! Боже! Он сказал:
«Позвольте, я наследник трона!»

Ушел во тьму, кто в ней возник.
Британии печальны судьбы…
— О, почему средь красных книг
Опять за лампой не уснуть бы?

О золотые времена,
Где взор смелей и сердце чище!
О золотые имена:
Гекк Финн, Том Сойер, Принц и Нищий!

1910

* * *

From childhood lovely paradise
You're sending me your farewell greetings,
My friends who never told me lies,
In purple, worn from frequent meetings.

A lesson merely revised,
I used to run to you, my comrades.
— "It's late!" — "Oh Mother, just ten lines!"…
And blissfully my Mum forgot it.

The chandeliers' sparkles glee…
Home memories are so heart-wrenching,
With Grieg, and Schumann, and Cui
Accompanying all Tom's adventures.

It's getting dark, the air's fresh,
Tom cherishes Becky's acceptance
…Now with a torch, a violent thresh
Of Injun Joe by the cave entrance…

The graveyard… Owls' foreseeing cries…
(I'm scared!) Stumbling on the tussocks,
A changeling of a widow flies,
Like Diogenes searching justice.

Bright like the sun the hall is lit,
A crown above a slender peer…
The pauper! — Oh my God! He spits —
"Excuse me, I am the only heir!"

Who's come from darkness, leaves by dusk.
The fate of Britain is unclear.
— Oh, purple books, why can't I ask
With tired eyes to doze off near you…

Oh golden times, where gaze is bright,
Where heart is pure and acts are proper —
Oh golden names that bring the light:
Tom Sayer, Huck Finn, Prince and Pauper!

1910

«Друзья в Красном
Переплете»

бумага, акварель

«Friends in Purple»

watercolor on paper

* * *

Думалось: будут легки
Дни — и бестрепетна смежность
Рук. — Взмахом руки,
Друг, остановимте нежность.

Не — поздно еще!
В рас — светные щели
(Не поздно!) — еще
Нам птицы не пели.

Будь на — стороже!
Последняя ставка!
Нет, поздно уже
Друг, если до завтра!

Земля да легка!
Друг, в самую сердь!
Не в наши лета
Откладывать смерть!

Мертвые — хоть — спят!
Только моим сна нет —
Снам! Взмахом лопат
Друг — остановимте память!

1922

* * *

I thought — would they be light,
My days; and dauntless the closeness
Of hands; with a wave of delight
My friend — make the tenderness frozen.

Too late it is not — not yet —
In dawning crevice the birds yet
Have sung not! — It's not too late
We haven't run out of words yet.

Beware! The last of stakes,
Too late, if you say tomorrow,
The earth is too light to stack,
Too old to postpone the sorrow.

The dead ones — at least! — they sleep,
But my dreams can't dream, shameless,
With shovels that rise steep,
My friend — let us freeze memories!

1922

«Нежность»

бумага, масло

«Tenderness»

oil on paper

* * *

Два солнца стынут — о Господи, пощади! —
Одно — на небе, другое — в моей груди.

Как эти солнца — прощу ли себе сама? —
Как эти солнца сводили меня с ума!

И оба стынут — не больно от их лучей!
И то остынет первым, что горячей.

1915

* * *

Two suns are freezing — Mercy I plead my God! —
One in the skies and another is in my heart.

Oh how these suns — can I really forgive myself? —
Oh how these suns made my madness a welcome spell!

And both are freezing — their rays do not burn enough,
And first will go cold one that's hotter now.

1915

«Два солнца»

бумага, акварель

«Two Suns»

watercolor on paper

В раю

Воспоминанье слишком давит плечи,
Я о земном заплачу и в раю,
Я старых слов при нашей новой встрече
Не утаю.

Где сонмы ангелов летают стройно,
Где арфы, лилии и детский хор,
Где всё покой, я буду беспокойно
Ловить твой взор.

Виденья райские с усмешкой провожая,
Одна в кругу невинно-строгих дев,
Я буду петь, земная и чужая,
Земной напев!

Воспоминанье слишком давит плечи,
Настанет миг, — я слез не утаю…
Ни здесь, ни там, — нигде не надо встречи,
И не для встреч проснемся мы в раю!

1909–1910

In paradise

Reminscence's too stong for a heart beating.
In paradise, for the mundane I'll cry.
And my old words in our brand new meeting
I will not hide.

Where hosts of angels fly in gracious calmness
Among the harps and lilies children sing,
Where all is rest, without rest I'll harness
To steal your gaze.

Smiling at visions, innocently boring,
Alone among the virgins, fair and strained,
Oh will I sing, terrestrial and foreign
Mundane refrain.

Reminiscence's too strong for the heart beating,
When moment comes, the tears I won't hide.
Not here, nor there, nowhere should we be meeting
Not for reunions we wake up in paradise.

1909–1910

«Рай на земле»

бумага, масло

«Heaven on Earth»

oil on paper

* * *

Я — есмь. Ты — будешь. Между нами — бездна.
Я пью. Ты жаждешь. Сговориться — тщетно.
Нас десять лет, нас сто тысячелетий
Разъединяют. — Бог мостов не строит.

Будь! — это заповедь моя. Дай — мимо
Пройти, дыханьем не нарушив роста.
Я — есмь. Ты будешь. Через десять весен
Ты скажешь: — есмь! — а я скажу: — когда-то…

1918

* * *

I — am. You — will be. An abyss between us.
I drink. You thirst. Agreement is unlikely.
We're separated by ten years — hundred chiliads
Do separate us — God does not build bridges.

Be! — This is my commandment. Let me — past you
Elapse, without disturbing growth by breathing.
I — am. You will be. In ten springs you utter:
— I am! — and I'll say: — once upon a lifetime…

1918

«Когда-то...»

бумага, масло

«Once Upon a Time...»

oil on paper

Новолунье

Новый месяц встал над лугом,
Над росистою межой.
Милый, дальний и чужой,
Приходи, ты будешь другом.

Днем — скрываю, днем — молчу.
Месяц в небе, — нету мочи!
В эти месячные ночи
Рвусь к любимому плечу.

Не спрошу себя: «Кто ж он?»
Все расскажут — твои губы!
Только днем объятья грубы,
Только днем порыв смешон.

Днем, томима гордым бесом,
Лгу с улыбкой на устах.
Ночью ж… Милый, дальний… Ах!
Лунный серп уже над лесом!

1909

New Moon

A waxing crescent washed the meadow,
Washed the dewy borderline.
Darling, distant and not mine,
Come and be my friendly shadow!

In the day I hide, I whist;
As the sky a crescent offers,
In such moonlight nights I long for
This one shoulder, this one wrist!

I won't ask myself again
"Who is he?" — your lips will put it.
In the daylight, hugs are brutal,
Awkward is a gust at day.

In the day, a prideful demon
Torments me and makes me lie,
While at night… Oh my not-mine!
The moonlight's already gleaming!

1909

«Лунная ночь над
Нотр-Дамом»

бумага, акрил

«Moonlight upon
Notre-Dame»

acryl on paper

* * *

Солнце — одно, а шагает по всем городам.
Солнце — мое. Я его никому не отдам.

Ни на час, ни на луч, ни на взгляд. — Никому. Никогда!
Пусть погибают в бессменной ночи города!

В руки возьму! — Чтоб не смело вертеться в кругу!
Пусть себе руки, и губы, и сердце сожгу!

В вечную ночь пропадет, — погонюсь по следам…
Солнце мое! Я тебя никому не отдам!

1919

* * *

The sun is just one, and it travels all cities and towns.
The sun is all mine! I won't give it away for a dime,

Not for sale, not for rent, not for lease, not for peek — to no one;
Let them die in the resolute night, all the towns!

I shall take it in hand — I won't let it spin 'round for the art,
Even though I will burn my lips, hands and my heart.

If it dissolves in perpetual night — I shall run,
My only sun! I will not give you — to anyone!

1919

«Вечернее солнце»

бумага, акрил

«Evening Sun»

acryl on paper

* * *

Красною кистью
Рябина зажглась.
Падали листья.
Я родилась.

Спорили сотни
Колоколов.
День был субботний:
Иоанн Богослов.

Мне и доныне
Хочется грызть
Жаркой рябины
Горькую кисть.

1916

* * *

Rowan's red brush
Flared up in the gold.
Leaves started falling.
I came to this world.

Hundreds of bells
Kept on wrangling away
To commemorate
The Evangelist's day.

Till now I feel like
I truly could gnaw on
The torrid and bitter
Brush of an odd rowan.

1916

«Кисть рябины»

холт, масло

«Rowan's Brush»

oil on canvas

Берлину

Дождь убаюкивает боль.
Под ливни опускающихся ставень
Сплю. Вздрагивающих асфальтов вдоль
Копыта — как рукоплесканья.

Поздравствовалось — и слилось.
В оставленности златозарной
Над сказочнейшим из сиротств
Вы смилостивились, казармы!

1922

To Berlin

The rain lulls down the pain. I sleep
Through pours of shutters slamming down.
And pavements shudder, moan and weep
As hoofs applaud, tittuping round.

Hello-wed — and washed away to hell.
In left-behindness, gold and glares
Upon the orphancy from tales
You finally had mercy, barracks.

1922

«День в Берлине»

бумага, масло

«A Day in Berlin»

oil on paper

* * *

Вот опять окно,
Где опять не спят.
Может — пьют вино,
Может — так сидят.
Или просто — рук
Не разнимут двое.
В каждом доме, друг,
Есть окно такое.

Не от свеч, от ламп темнота зажглась:
От бессонных глаз!

Крик разлук и встреч —
Ты, окно в ночи!
Может — сотни свеч,
Может — три свечи…
Нет и нет уму
Моему покоя.
И в моем дому
Завелось такое.

Помолись, дружок, за бессонный дом,
За окно с огнем!

1916

* * *

There's a window here,
Where no one sleeps
Maybe they sit near,
Savoring each drink.
Maybe simply hands
Cannot stop to circuit.
Every home, each land
Has a window like it.

Not the candle lights made the darkness bright —
The unsleeping eyes!

Of farewells and hi's
This lit window cries.
Maybe hundred lights,
Maybe twice a light.
There is no rest
To my sleepless reason,
In my house's chest
There's the window crimson.

Pray, my little boy, for this sleepless home,
For this crimson void.

1916

«За полночь»

бумага, акварель

«After Midnight»

watercolor on paper

* * *

Откуда такая нежность?
Не первые — эти кудри
Разглаживаю, и губы
Знавала темней твоих.

Всходили и гасли звезды,
— Откуда такая нежность? —
Всходили и гасли очи
У самых моих очей.

Еще не такие гимны
Я слушала ночью темной,
Венчаемая — о нежность! —
На самой груди певца.

Откуда такая нежность,
И что с нею делать, отрок
Лукавый, певец захожий,
С ресницами — нет длинней?

1916

* * *

Where does this fondness come from?
These locks are not first I straighetened;
And lips I have known much darker
Than yours could have ever been.

Emerged and died off the star-way.
Where does this fondness come from?
Emerged and died off the glances
In front of my very eyes.

The hymns I have heard much stronger
While night overspread its darkness
To marry me — oh the fondness! —
On troubadour's very chest.

Where does this fondness come from,
And what shall I do with fondness,
Oh youngster so sly, oh minstrel
With eyelashes ever-long?

1916

* * *

Дней сползающие слизни,
…Строк поденная швея…
Что до собственной мне жизни?
Не моя, раз не твоя.

И до бед мне мало дела
Собственных… — Еда? Спанье?
Что до смертного мне тела?
Не мое, раз не твое.

1925

* * *

Days like sliding slugs… and seamstress
Days that stitch my poems' scores…
Should I value my existence?
It's not mine, if it's not yours.

And for troubles I don't care —
My nutrition? Sleep? Outdoors?
Mortal body I could spare:
It's not mine, if it's not yours.

1925

«Осень»

бумага, масло

«Autumn»

oil on paper

* * *

Когда гляжу на летящие листья,
Слетающие на булыжный торец,
Сметаемые — как художника кистью,
Картину кончающего наконец,

Я думаю (уж никому не по нраву
Ни стан мой, ни весь мой задумчивый вид),
Что явственно желтый, решительно ржавый
Один такой лист на вершине — забыт.

1936

* * *

When I am admiring leaves falling down,
Which fly over peppery cobblestone block,
Brushed over — like artist that shakes off his brushes
While finishing painting at last with the clock —

I think (no one likes now my shadowy figure,
Nor whole my appearance, pensive and grey)
That distinctly yellow, and resolute rusty
One leaf at the top will still stay.

1936

Марина Цветаева:
Разрозненные страницы жизни поэта

Марина Цветаева была русским и советским поэтом, чья работа определила очертания литературной картины двадцатого века российской поэзии. Творчество Цветаевой было создано в годы революции 1917 года и последовавшего за ней голода, ссылки, трагического возвращения в Россию, где ее семью арестовали, а мужа казнили. Это тяжелое время определило и последнее бунтарство поэта — самоубийство, которым Марина Цветаева покончила жизнь в августе 1941 года.

Рожденная в образованной семье — у пианистки Марины Мэйн и известного филолога и историка искусства Ивана Цветаева, Марина получила мультидисциплинарное образование. Ее родители мечтали, что дочь продолжит музыкальную карьеру, и отправили ее учиться игре на пианино. Но Марину вела иная муза: шестилетяя Цветаева начала писать стихи на русском, французском и немецком.

В сентябре 1906-го Цветаева поступила в четвертый класс Гимназии для женщин фон Дервица, откуда ее через полгода исключили за свободомыслие и непокорность. Она сменила еще две школы, прежде чем получить диплом гимназии Брюхоненко два года спустя.

Летом 1909-го Цветаева впервые увидела Париж. Здесь она поступила на курс старофранцузской литературы. Очередной раз показывая свою неуемную натуру, юная Цветаева самиздатом опубликовала в сентябре-октябре 1910-го первую книгу — «Вечерний альбом».

В тот же год Марина посетила знаменитый Волошинский «Дом поэтов» в Крыму. В этом месте, бурлящем страстями, политикой, и стихами она повстречала Сергея Эфрона — своего будущего мужа. Они поженились в январе 1912 года, а в сентябре родилась их первая дочка Аля. Вторая дочь Ирина пришла в мир во время войны 1917-го; а в 1918 году Эфрон уехал добровольцем воевать на юге России.

Не чувствуя себя способной растить двоих детей в военные годы, Цветаева отправила Ирину в приют под предлогом того, что та не ее дочь — а друзей, которые отказались от нее. Там девочка умерла от голода, оставив Цветаевой, которая запретила называть ее мамой, кипу путаных писем, проникнутых болью и горем. Годы после гражданской войны обернулись для Цветаевой трагедией.

В 1920-х семья эмигрировала через Ригу в Берлин, а потом Прагу и наконец Париж, где в 1925 году родился сын Георгий. Живя в Париже, Цветаева ностальгировала по России, но отговаривала дочь и мужа возвращаться. Она верила, что старой России больше нет, и возвращаться было некуда. И все же, когда Эфрон сбежал в Москву после политического убийства, в котором он был замешан в 1937, она снова последовала за семьёй. Это было еще одно звено в череде трагических решений. В 1939-м всю семью арестовали. Эфрона казнили, а Алю отправили в ссылку. Реабилитировали ее только в 1955-м, через пятнадцать лет тюрьмы.

Последние годы Цветаева тоже прожила вдали от родины. Из горящей Москвы ее эвакуировали в Чистополь в Татарстане. Здесь ей выделили вид на жительство и работу посудомойки при столовой Литфонда. Этой «благотворительности» Цветаева предпочла смерть. Она повесилась 3 августа 1941 года дома у друзей, где жили они с сыном. Марина оставила три прощальных записки: тем, кто будет ее хоронить, друзьям, чтобы присмотрели за сыном, и самому Георгию. Тот пережил свою мать всего лишь на три года: погиб на поле боя во время Второй Мировой, не успев оставить наследников.

Marina Tsvetaeva:
Discordant pages of the poet's life

Marina Tsvetaeva was a Russian and Soviet poet whose work is considered among some of the greatest in the twentieth century of Russian literature. She wrote her way through the Russian Revolution of 1917 and the Moscow famine that followed it, lived in exile in several countries before returning to the Soviet Union to face her dark destiny.

Born to a well educated family of Maria Mayne, a pianist, and Ivan Tsvetaev, a famous philologist and art history professor at the Moscow University, Marina had excellent multidisciplinary education. Her parents saw her as a musician and sent her to a piano class; but young Marina was led by a different muse. At the age of six, Tsvetaeva began to write poetry — in Russian, French and German.

Her poetry would be her only shelter from the cruel years to come creating a world of imagination and freedom, but for now little Marina was just starting to explore her talent. In September 1906, Tsvetaeva started the fourth grade of the von Derviz Gymnasium for Women, from which six months later she was expelled for freethinking and audacity. She changed two more schools before graduating from the private Bryukhonenko gymnasium two years later.

In the summer of 1909, Tsvetaeva first saw Paris. Here, she enrolled in a summer university course in Old French literature. Once again, young Tsvetaeva showed her unconventional audacity by self-publishing her first book, a collection of poems entitled "Evening album", in September and October 1910. The same year Marina visited the famous Voloshinsky "House of Poets" in the Crimea. It is in the place bursting with politics, passions and poems that she met her future husband. Sergey Efron married her in 1912 and became one of the strongest lusts of her life and a friend to whom she would dedicate plentiful stanzas. In September their first daughter Alya was born. Tsvetaeva gave birth to their second daughter Irina during the war, in 1917. In 1918, Sergey Efron joined the Volunteer Army in the south of Russia.

Not feeling able to raise two children alone, Tsvetaeva sent Irina to a shelter, under pretense that Irina belonged to a family of friends who gave her up. The girl died of hunger, writing heartbreaking letters filled with pain and hope to the woman who had given her life but forbade calling her Mother. The years of the Civil War turned out to be tragic for Tsvetaeva.

In the 1920s, Tsvetaeva left the Soviet Union for Riga, Berlin, Prague and Paris where the family moved after in 1925, when the son George was born. Living in Paris, Tsvetaeva experienced acute nostalgia for Russia, reflected in her poems, but resisted the yearning of her husband and daughter to go back. Tsvetaeva believed that the old Russia no longer existed and there was nowhere to return. And yet she followed her husband and daughter who fled to Moscow after Efron was implicated in a contract political assassination in 1937. This turned to be another tragic decision as two years later Tsvetaeva's family got arrested, and Sergey Efron was condemned to execution. He was shot in Lubyanka. Alya, after fifteen years of imprisonment and exile, would be rehabilitated only in 1955.

Tsvetaeva lived her last years in exile, too. From Moscow that was being burnt and demolished by the war, she was evacuated to Chistopol (Tatarstan). There she received a residence permit and a job of a dishwasher in the Literary Fund's canteen.

On August 31, 1941, Marina Tsvetaeva committed suicide by hanging herself in the friends' home, where she and her son were staying. She left three suicide notes: to those who will bury her, to a family of friends asking to keep an eye on her son, and to George himself. Tsvetaeva's son outlived his mother only for three years. He died on a battlefield during the Second World War.

Благодарности

«Между Парижем и Москвой» — это определение не столько локации, сколько душевного состояния многих пост-советских экспатов. И потому одноименный проект открывает дверь в пространство, которое иностранцы называют «славянской душой»: место, где живут мечты, фантазии и детские воспоминания. Этот проект появился как инициатива познакомить англоязычных читателей с незаслуженно забытыми страницами русской литературы — ведь большинство зарубежных читателей без запинки назовет Бродского, Достоевского, Набокова, но гораздо меньше знают поэтов Серебряного века. Своим началом проект обязан заботливой поддержке писателей «Парижского скрипториума» Хейз, Рут, Нэнси и Криса; вдохновению поэтической группы «Поэты Ангоры» под лидерством Мо Сигера; безоговорочной помощи моих близких в Минске и Париже. Но в первую очередь этот проект — благодарность моему дедушке Петру Новожилову, который читал перед сном маленькой Ксюше наизусть стихи Лермонтова, Пушкина и Маяковского, и заботливо записывал первые четверостишия, нарифмованные шестилеткой с длинными косичками.

Ксения НОВА

Acknowledgements

"Between Paris and Moscow" describes the soul state of many post-soviet expats living abroad, and opens a door for an overseas reader into what is called "a Slavic soul": the space where dreams, fantasies and childhood memories live. This project emerged as an initiative to acquaint an English-speaking reader with under-represented masterpieces of the Slavic culture. It owes its beginnings to the caring support of Paris Scriptorium literary circle: Haze, Ruth, Nancy, and Chris, to the encouragement and inspiration from Angora Poets headed by the effervescent Moe Seager, to my darling ones living in Minsk and in Paris. But most of all, this project is a gift of gratitude to my grandfather who recited poems by Pushkin, Lermontov and Mayakovsky while putting little Xenia to bed and who affectionately recorded first stanzas created by a six-year-old.

Xenia NOVA